[illegible] PHILOLOGIQUE

SUR

LES SERÉES

DE GUILLAUME BOUCHET

PAR

M. Charles LIOTARD

membre de l'Académie du Gard.

NIMES

TYPOGRAPHIE CLAVEL-BALLIVET

12 — RUE PRADIER — 12

1875

ÉTUDE PHILOLOGIQUE

SUR LES

SERÉES DE GUILLAUME BOUCHET

par M. Charles LIOTARD,

membre de l'Académie du Gard.

Les renvois se rapportent à l'édition de 1635, de Rouen, en 3 volumes.

On a fait et l'on fera toujours des livres avec les livres : Oserai-je dire que cette observation devient plus exacte de jour en jour ? Je serais tenté de l'affirmer en voyant l'importance et les dimensions que prennent aujourd'hui les éditions où les commentaires tiennent presque autant de place que le texte.

Les commentateurs de profession étaient au commencement du siècle : Auger et Aimé Martin; dans le siècle précédent, notre compatriote Pierre Coste, lesquels je me permets d'estimer bien au-dessous des Erasme, des Scaliger et des Casaubon. — Leurs émules s'appellent aujourd'hui Asselineau, Ludovic Lalanne, Prosper Blanchemain, etc. — Je ne parle pas des travaux isolés du texte que nous devons à Villemain, Sainte-Beuve, Saint-Marc-Girardin, etc., dans lesquels je loue sans réserve la justesse des remarques, la finesse des aperçus, la distinction du langage, mais qui n'en sont pas moins des livres faits avec des livres.

J'en dirai autant des emprunts faits, pour émailler la conversation, aux idées énoncées sous une forme piquante par nos devanciers, dont un grand nombre, relevées par Ed. Fournier, dans son agréable petit livre — l'*Esprit des autres* — sont journellement rééditées par ceux qu'on appelle des *Beaux esprits à répétition ;* telle est cette réponse rapportée comme originale à Mme de la Sablière, sur la saison périodique des amours chez les animaux, si prestement rajeunie et développée dans le Figaro de Beaumarchais : Boire sans soif et faire l'amour en toute saison, il n'y a que ça qui nous distingue des autres bêtes. — Cette répartie avait été faite par Ninon avant Mme de la Sablière; — elle se rencontre bien longtemps auparavant dans les *Entretiens de Socrate*, dans *Pline le naturaliste*, dans *Rabelais* (liv. I, chap. 5), qui la cite d'après Macrobe (*Saturnales* 11-5) (1). Ceci justifierait presque le mot du comte de Maurepas : « Un auteur est un homme qui prend dans les livres tout ce qui lui passe par la tête. »

L'espèce d'abus que je relève a été assez finement mis en lumière dans une petite fable de

(1) *Etudes de Quitard sur le langage proverbial,* page 110.

Florian, où fait quelquefois défaut la justesse de l'expression, mais qui renferme dans le fond une grande vérité. Sa brièveté me permettra de l'intercaler ici pour me servir d'introduction ou d'épigraphe :

LE LIERRE ET LE THYM.

Que je te plains, petite plante,
Disait un jour le lierre au thym.
Toujours ramper, c'est ton destin :
Ta tige chétive et tremblante
Sort à peine de terre ; et la mienne, dans l'air
Unie au chêne altier que chérit Jupiter,
S'élance avec lui dans la nue.

Il est vrai, dit le thym, ta hauteur m'est connue ;
Je ne puis, sur ce point, disputer avec toi,
Mais je me soutiens par moi-même,
Et sans cet arbre, appui de ta faiblesse extrême,
Tu ramperais plus bas que moi.

Traducteurs, éditeurs, faiseurs de commentaires,
Qui nous parlez toujours de grec et de latin,
Dans vos discours préliminaires,
Retenez ce que dit le Thym.

Je le retiens, je l'ai bien retenu ce conseil, mais assurément je n'en ai pas fait mon profit, puisque j'entreprends un travail analogue à ceux dont je viens de présenter le côté vulnérable : on me trouvera peut-être d'autant moins excusable que l'écrivain sur lequel je m'appuie n'est pas un — *chêne altier* —, tandis que les recherches philologiques de même nature, telles que le *Lexique de la langue de Molière*, de F. Génin; le *Lexique de la langue de Corneille*, de M. Godefroy, s'attaquent aux sommités de la littérature. Loin de moi la pensée de rivaliser avec ces travaux solides et complets; je m'en suis seulement inspiré en tâchant d'interpréter quelques points obscurs, de mettre en relief quelques expressions singulières du livre des *Serées*, de Guillaume Bouchet.

Ce livre en vaut-il la peine ? Peut-être si l'on en juge par l'épigraphe : — *et nugæ seria ducunt* — que je traduis : Les plaisanteries même ont un côté sérieux. L'ouvrage aurait donc, à certain degré, la prétention de servir d'enseignement : on ne saurait méconnaître en effet qu'il renferme quelques idées saines et utiles, perdues au milieu d'idées folles et de contes joyeux.— C'est le but et la pensée de l'auteur, qu'il poursuit à l'imitation de Platon, d'Aristote, de Xénophon, de Plutarque, de Jamblique, etc., dont il invoque le témoignage pour justifier son système, ce qu'il exprime dans les termes suivants :

« Toutefois, il me semble que je ne mérite d'être » mocqué ni repris avec raison, ni des uns, ni des » autres, d'avoir entre meslé des propos doctes et » sérieux avec les plaisants et gaillards, puisque » Xénophon dit qu'il faut mettre en sa mémoire » et remarquer non seulement les choses graves » et utiles proférées par les hommes sçavants et » vertueux, ains aussi les plus légères, joyeuses » et récréatives ».

J'userai donc avec mon auteur du même privilége, en puisant dans son livre les éléments de quelques développements sérieux et comiques.

Que veut dire ce titre : les *Serées* ? Je vais, pour

l'expliquer, remonter de quelques années, au livre de Tabourot intitulé : *Les Bigarrures et touches du sieur des Accords*, dont les éditions sont ordinairement suivies et complétées par les *facéties* du sieur Gaulard et par les *Escraignes Dijonnaises.*

Les *Escraignes* ou les *Serées* c'est tout un au fond : ce sont les contes et propos de la veillée que font les bonnes femmes réunies pour travailler, en mettant en commun chauffage et luminaire. Voici la définition ou description que nous donne Tabourot d'une *Escraigne,* telle qu'on l'établissait dans l'ancienne Bourgogne :

« On fait, dans quelque rue écartée, un taudis » ou bâtiment composé de plusieurs perches fichées » en terre, repliées par le dessus et à la sommité, » en telle sorte qu'elles représentent la testière » d'un chapeau ; lequel après on recouvre de terre, » mottes de gazon et fumier, si bien lié et massé » que l'eau ne le peut pénétrer. En ce taudis, entre » deux perches, du costé qui est le plus défendu » des vents, on laisse une petite ouverture de lar- » geur par adventure d'un pied et hauteur de » deux, pour servir d'entrée, et tout à l'entour des » siéges composés du drap mesme pour y asseoir » plusieurs personnes. — Là, ordinairement, les » après-souppées, s'assemblent les filles des vigne- » rons avec leurs quenouilles ou autres ouvrages, » et y font la veillée jusques à minuit ; dont elles » retirent cette commodité que, tour à tour, por- » tant une petite lampe pour s'éclairer et une » trappe de feu (*chaufferette*) pour chauffer la » place, elles épargnent beaucoup et travaillent » autant de nuict que de jour.....

» Il a convenu de faire cette description, parce » que l'architecture ne se trouvera pas en Vitruve » ni en du Cerceau, et semble plutôt que ce soit » ouvrage d'arondelle que autrement.

» Chascun an, après l'hiver, on la rompt, et au » commencement de l'autre hiver on la rebas- » tit..... »

Quant à l'explication du nom *Escraigne*, qu'on donne, en patois bourguignon, à ce bâtiment provisoire qui n'est, comme vous en avez pu juger, qu'une espèce de tente couverte de chaume, Tabourot le fait venir d'*Escrin*, petit coffre, « tandis » que d'autres, pensant que le vrai bourgui- » gnon vient du latin, le dérivent du mot *scri-* » *nium* ».

Il ne tient pas autrement, du reste, à son explication; on en peut chercher ailleurs l'étymologie, si l'on veut. Quoi qu'il en soit, dès que l'*Escraigne* est pleine, chacun à son tour y dit son historiette ou ses bons contes (1).

Il n'est pas nécessaire d'aller chercher cet usage en Bourgogne : je me rappelle parfaitement avoir assisté, dans mon enfance, à des réunions semblables dans le village où j'avais été mis en nourrice sur les bords du Gardon. Pendant que ma

(1) Dans l'appendice qui complète l'édition des *Evangiles des quenouilles*, publiée par Jannet (1855, pag. 103), dame Transeline se plaint de ce que son jeune mari se traioit du soir au *concistoire*, que l'on dit en France la *Série*, en Artois la *Siète*, et en Haynau *Escriène* ; Voyez aussi, page 114, premier évangile de la deuxième *Siète*. Ainsi, voilà trois mots, trois idées pour exprimer la même chose : *Escraigne*. *Escriène*, est le lieu, la construction à cause de sa forme : *scrinium*. *Siète* est le siége ou la séance, la réunion. *Série, Serée* est le moment où l'on se rassemble (le soir).

mère-grand et ses compagnes filaient une quenouille de chanvre, je ne sais s'il se faisait là beaucoup de dépense d'esprit; à coup sûr personne n'en a recueilli les récits pour leur donner une forme quelque peu littéraire.

Les *Serées* de Bouchet ne sont pas autre chose : elles se rattachent, par le fond et la forme, aux dissertations facétieuses qui remplissent les deux volumes des *Matinées et des après-disnées du sieur de Cholières.*

Guillaume Bouchet se qualifie de seigneur de Brocourt, et de juge et consul des marchands de Poictiers. La gaieté, qui fait le fond de son livre, fait penser à cette série de magistrats d'un autre temps : le président Nicole, le président Maynard, le président de Brosses, le conseiller Dulorens, qui, par un besoin ou privilége de nature, ne se sont pas fait faute de mêler à leurs productions littéraires le sel de l'épigramme, et le ragoût du détail plaisant et joyeux.

Un mot encore au sujet du titre des *Serées :*

L'auteur fait remarquer que ces conversations dont il nous donne la substance, se tenaient à la suite du repas du soir ; que, dans un but d'égalité, afin qu'il n'y eût ni haut ni bas bout, et que chaque convive eût plus de liberté et de facilité à prendre successivement la parole, la table était ronde, comme celle des compagnons d'Arthur de Bretagne ; que ces repas ou convys, suivis de joyeux propos, se faisaient le soir ; d'où est venue l'appellation de *Serée,* « parce que chaçun, ayant tout le jour mis ordre à ses affaires, se trouve bien plus libre sur le soir, ayant plus de loisir de tenir longue table, et demeurer après le repas aux *Serées* pour deviser et se regaillardir ensemble ».

Il s'appuie sur l'usage des Romains qui ne mangeaient guère qu'une fois le jour, et sur le soir; sur la recommandation de Galien, qui (en désaccord avec Avicenne) dit qu'il est plus sain et meilleur de manger et boire beaucoup au souper qu'au disner, à cause du dormir qui ayde à la digestion ; il cite à l'appui encore Socrate et Agathon, qui demeurèrent toute la nuit au banquet de Platon; enfin l'opinion de Turnèbe, qui dit que « les banquets de jour ne sont point faicts en temps et saison, et que pour ceste cause ils étoient dits *intempestiva convivia* ».

Pour dernière justification de mon auteur, je reproduirai son observation : « Que la prolonga-
» tion des repas dans la soirée n'avoit point pour
» motif la gourmandise et la friandise, mais la
» facilité de réunir et retenir longtemps une so-
» ciété de gens *honnestes, savans* et *vertueux* qui
» s'y trouvoient ».

Louons donc le but justifié par de si bonnes raisons, et soyons indulgents, en invoquant les priviléges du vieil esprit Gaulois ou Gallois, si les discours de l'auteur, au lieu de sentir l'huile comme ceux de Démosthènes, se ressentent plutôt des fumées du vin.

Où et quand vivait Guillaume Bouchet? Il cite, parmi ses contemporains, Ponthus de Thyard et La Ramée ; il a vécu 80 ans. La date de sa naissance indiquée par Dreux du Radier (Biblioth. du Poitou) en 1526, porterait donc la date de sa mort à 1606. C'est la date qu'adopte Viollet-le-Duc dans sa Bibliothèque poétique. Mais des documents plus précis, recueillis et mis en lumière par M. Roybet, lui permettent de limiter l'existence de Bouchet entre 1513 et 1593 (1).

Si le titre même des *Serées* ne nous faisait connaître l'origine du conteur, qui s'intitule : *juge et consul des marchands à Poictiers,* nous l'apprendrions dès les premières pages de son livre, où il est question de la Vienne et du Clain (2), et dans la sixième *Serée* (Liv. I, p. 188, 191, 207), intitulée : *du Poisson,* où, recherchant les qualités et défauts de cet aliment, et notamment l'exactitude du proverbe : *Jeune chair et vieil poisson,* il fait dire à un de ses interlocuteurs que, dans la même espèce, le poisson sera plus ou moins bon, non pas selon son âge, mais selon les eaux où il aura été nourri. « C'est ainsi qu'une carpe de Clain sera meilleure qu'une carpe de Vienne, qui toutefois ne sera pas si grosse et grande (3) ».

Et ailleurs (Liv. II, p. 104), il signale l'habileté des tourneurs de Croutelles, près de Poitiers, ce qu'il fait en ces termes :

« Vous sçavez quel beau lieu c'est que Croutelles, et le plaisir qu'autrefois ceux de Poictiers y ont prins, et quels artisans il y avoit, et la subtilité

(1) Voir le *Bulletin du bibliophile* de juillet 1873.

(2) Poitiers est placé sur une hauteur qui domine la vallée du Clain, affluent de la Vienne.

(3) L'occasion est trop bonne pour laisser échapper l'anecdote croustilleuse de la carpe réchauffée devant le feu, sous la robe d'un frère prescheur. Notre conteur ne se fait pas faute d'en entrelarder sa dissertation.

et mignardise de leur tournerie, qui fera neuf quilles avec la *pirouette* (1), l'une et l'autre d'yvoire, le tout ne pesant pas un grain de blé ».

Ce talent qui nous représente les tourneurs de ce pays comme les émules des ivoiriers de Dieppe, est déjà de son temps bien diminué ; car, dit-il : « Les guerres les ont si bien tastez, que ce n'est » quasi plus rien, la pluspart s'estant retirez à » Poictiers, et ceux qui sont demeurez sont si pau- » vres, qu'au lieu qu'ils acheptoient le bois pour » faire leurs ouvrages, la pauvreté les a contraints » de le prendre sans le demander ».

Ceci, à propos du vol, est emprunté à la 15e *Serée* — des larrons, des voleurs, des picoreurs et mattois.

J'y reviendrai plus tard.

La première *Serée* — du vin — donne déjà le ton général de l'ouvrage. Les recueils de proverbes et les dictionnaires d'argot fournissent une assez jolie somme de périphrases pittoresques pour exprimer les degrés successifs de l'état d'ivresse. Mais vous chercheriez vainement, dans les anciens et les modernes recueils de ce genre, une de ces expressions que je n'ai rencontrée que dans cette *Serée*, en parlant d'un individu submergé par de trop copieuses libations : *il avoit déchaussé Bertrand.* Je ne puis que la citer sans l'expliquer.

(1) J'avais supposé que *pirouette* pouvait signifier la boule dite cochonnet ; mieux renseigné, je trouve que pirouette veut dire une pièce qui tourne autour d'un axe, comme un moulinet servant de hochet d'enfant.

Je n'ai pas relevé ailleurs non plus une anagramme dont Bouchet essaie de faire le fondement de l'étymologie d'*ivrongne,* qui serait l'équivalent de *vigneron ;* il est vraiment dommage qu'il n'y ait là qu'une rencontre de hasard. L'explication d'ivrogne par vigneron eût été précieuse résultant, comme il le dit, d'un *gentil* anagramme. — Mais il y faut renoncer ; il est bien plus rationnel, considérant ivrogne comme un augmentatif de ivre, d'établir la descendance de ivre, ivresse, en les rattachant à *Ebrius, Ebrietas.*

L'habitude d'altérer le vin par une addition d'eau ou d'autres substances paraît vieille comme le monde ; elle trouve naturellement sa place dans le chapitre consacré au vin : à propos de l'expression curieuse, *marier le puits et la cave,* Bouchet fait la revue des moyens de sophistication du vin où nos fraudeurs contemporains trouveraient peut-être, comme un certain avare à la représentation d'Harpagon, quelque combinaison inexplorée.

C'est à titre de plaisanterie, sans doute, que, dans le même chapitre, confondant l'hôtelier avec le marchand de vin (et de vin frelaté), un convive propose de dériver *hoste, hostelier,* du latin *hostis,* ennemi ; — « car il faut être ennemi de son pro-
» chain pour gâter, comme ils le font, ce que Dieu
» a fait ».

La vingt-neuvième serée (des Mores, des Nègres et des Noirs) présente, comme la sixième, un singulier exemple de couleur locale :

Un paysan poitevin, fort peu lettré et fort peu expérimenté, s'étonne à la vue d'un homme de couleur, lui frappe sur l'épaule et luy va demander en son poitevin : « *Dy-moi, petit, es-tu nasquu* » *itau?* Le More, qui n'entend pas plus le patois » poitevin que le bon françois, se vint si bien à » cholérer que celuy qui faisoit le conte dit qu'il » eût, sans luy, oustragé ces pauvres gens ».

Je complète le passage, parce qu'il renferme une autre singularité :

« Tous ceux de la serée trouvèrent si bonne cette interrogation : — Es-tu nasquu itau? — qu'il » n'y eut celui qui n'excusât la simplicité et curio- » sité de ces pauvres Poictevins ».

Mais voici le plus piquant du récit :

« Quelqu'un des plus advisez de la ville, s'y » trompant aussi bien qu'eux, pensoit que ce fût » quelque *Abolomeni* des Grecs qui se barbouil- » loient de suye ».

J'ai consulté partout pour le sens de *Abolomeni*; la plupart de mes correspondants ont jeté leur langue aux chiens. Un d'eux pourtant (voir l'*Intermédiaire*, année 1874, n° 141) a cru trouver une explication qui me paraît contestable : — *Abolomeni* serait, selon lui, la prononciation altérée du grec αβουλομενη et signifierait *la Folle*, femme dévoyée; mais, outre que cette signification ne répond pas au sens du passage cité de Bouchet, Αβουλομενη peut être cité comme un barbarisme. — Cette forme n'est pas indiquée dans le *Thesaurus* d'Henri Estienne parmi les dérivés de Αβουλομαι.

Je ne puis cependant m'empêcher de voir un rapport frappant entre le personnage supposé par Bouchet, et les premiers acteurs grotesques du théâtre grec, désignés par Horace et Boileau :

Thespis fut le premier qui, *barbouillé de lie*,
Promena par les bourgs cette heureuse folie,
Et, d'acteurs mal ornés chargeant un tombereau,
Amusa les passants d'un spectacle nouveau.

Abolomeni barbouillé de suye et l'ivrogne barbouillé de lie, il y a d'une expression à l'autre, souvenir et concordance (1)

Ici se place encore un proverbe ou usage local dont j'ai demandé avec plus de succès l'explication aux érudits du Poitou : Les villageois ignorants à l'endroit de ce nègre, font diverses suppositions : — C'est un maréchal ou un serrurier — d'autres y voient un faiseur de poudre à canon, ou un crieur de noir à noircir, ou un teinturier, ou un charbonnier ; — tel autre veut gager que c'est un ramoneur du Puy d'Auvergne, ou bien que c'était quelqu'un qui avait joué à : *Saint Cosme, je te viens adorer*.

On ne saurait prétendre à tout interpréter de prime-saut dans un livre si rempli de singularités ; j'avais déjà trouvé, dans la longue nomenclature des amusements de Gargantua, le jeu : *Saint Cosme, je te viens adorer* ; mais l'explication me faisait défaut. J'ai appris, par l'*Intermédiaire*, d'un

(1) Un renseignement que Ch. Magnin, dans son livre *sur les Origines du théâtre*, emprunte à Athénée, vient à l'appui de ma dernière observation. Les mimes Sicyoniens appelés *Phallophores* ne portaient pas de masques comme les *Ithyphalles ;* ils avaient seulement le visage barbouillé de suie. C'est évidemment à ce genre de mimes que Bouchet fait allusion, — Mais pourquoi les appelle-t-il Abolomeni?

de mes correspondants qui a fait son droit à Poitiers, en quoi consiste ce jeu ou plutôt cette pénitence imposée à un joueur maladroit.

Le patient se place dans un fauteuil, tenant un flambeau de chaque main, et les jeunes filles viennent tour à tour lui dire d'un air sérieux, avec une profonde révérence :

Saint Cosme, je te viens adorer,
Sans rire ni pleurer.

A ce moment, si le patient parvient à faire rire celle qui l'implore, il obtient un baiser (*ô sancta simplicitas!* s'écrie mon interprète); il est probable que le jeune homme sur la sellette a dû se grimer ou se barbouiller le visage pour le rendre comique.

(Voyez l'*Intermédiaire,* 1874, col. 124).

En revenant au chapitre des Larrons et Voleurs (2e livre, p. 105), je m'arrête aux expressions *Robice* et *Mattois.*

A propos d'un de ces tourneurs qui allaient prendre le bois sans le payer et d'un voisin qui le voyait faire sans le dénoncer : « Je lui dis que, si » nous avions esté en Lacédémone, qu'il eust » encouru la peine du *Robice,* aussi bien que celui » qui l'avoit fait ».

Le mot est étrange et rare ; mais le sens en vient facilement à l'esprit, en le rapprochant de rober, dérober, qui, comme notre patois *rauba*, doivent se rattacher à l'original allemand : *Reuber*, voleur.

Quant à *Mattois* ou enfant de la *Matte* (2e livre

p. 101, 116, 117, 118, 120, 121), mots qui reviennent très-souvent dans le même chapitre et correspondent à fripon, filou, pick-poket, il existe sur leur origine et explication un long et substantiel article dans le dictionnaire d'argot de Francisque Michel, qui donne amplement satisfaction aux esprits investigateurs.

M. Francisque Michel reproche à Le Duchat d'avoir fait venir *Matte* de notre substantif *Matois;* il préfère le relier à l'italien *Matto*, fou, *Mattia*, folie; et peu après cependant, il confond dans la même origine : Enfants de la matte, matois, langue matoise, matoiserie. — Les lexicographes Cotgrave et Oudin ne font pas de distinction à cet égard.— *Matois*, dans la Fontaine, signifie : rusé.

> Sur la branche d'un arbre était en sentinelle
> Un vieux coq adroit et *matois*.
>
> (*Le Coq et le Renard*, liv. II, F. 15.)

> Mais d'où vient qu'au renard Esope accorde un point :
> C'est d'exceller en tours pleins de *matoiserie*.
>
> (*Le Loup et le Renard*, liv. XI, F. 6).

Il est d'accord avec ce passage des *Serées* :

« On ne les appelle pas mattois sans cause, car » ils mattent bien ceux qui tombent dans leurs » piéges, si on n'est bien rusé ».

Le P. Labbe, dans ses étymologies, écrit :

« Mattois et matassin viennent de la même source, et le premier signifie un homme qui contrefait le fou, le niais, pour tromper quelqu'un».

Henri Estienne, dans l'*Apologie pour Hérodote* (Liv. I, chap. 38), fait le même rapprochement en disant qu'on a fait S. Maturin le médecin des fols, en rattachant le nom de Maturin à l'italien Matto ou au grec Matæos.

Un vieux livre fort rare qui a pour titre : *Le Mathois ou le marchand meslé, propre à tout faire,* indique aussi sans doute un brocanteur rusé, fripon, recéleur (1).

Brantôme, en divers endroits de ses œuvres (*Les Dames galantes, Les Capitaines étrangers*), parle des matois et des enfants de la matte ; il a vu pendre un enfant de la matte qui avait dérobé de la vaisselle d'argent ; ailleurs il raconte que Charles IX en fit appeler, un jour de festin et de bal, dix ou douze des plus fins et meilleurs coupeurs de bourses et tireurs de laine pour les voir travailler aux dépens des invités.

Enfin, le vieux proverbe vaut à lui seul une définition, qui dit :

Enfants qui sont de la matte
Savent tous jouer de la patte.

Pour ne pas sortir du même sujet, je noterai en passant que la 15e *Serée* (Livre II, p. 95, 101, 102), au chapitre des voleurs renferme quelques allusions au livre et à la personne de *Patelin.* On y trouve le mot *Patelinage.* Les mattois ou filous y sont également désignés par les noms de *Blesches, Contreporteurs, Gueux de l'Hostière.* (p. 123).

(1) On cite aussi, parmi les raretés bibliographiques, *Le fin matois, ou histoire du Grand Taquin*, par Quevedo (Cat. Turquety, nº 674). Le héros doit être un personnage de même caractère.

Le dernier n'a pas besoin d'explication : *Blesche* désigne un petit mercier, porteur de balle, et se prend, par suite, dans le sens de Bohême, vagabond; on le dérive de *Blacque*, qui signifiait autrefois *Valaque*, qui se retrouve dans l'espagnol *Bellaco, Vellaco, Hellaco* et qui a donné les mots français *vieillacque* et *vieillacquerie* avec la signification de fourbe, coquin.

Ces différentes formes se remarquent dans les *Après-disnées*, de Cholières, dans les *Aventures de Fœneste*, dans *Brantôme*, dans la *Satyre Menippée*, dans le *Réveille-matin* des Français, dans les romans espagnols du genre picaresque.

Contreporteur n'est qu'une des formes de colporteur, toujours dans le sens de vagabond.

On y trouve encore l'expression de *affiné* pour trompé (Liv. II, p. 123). « Pour m'engarder d'estre » affiné (qu'ils appellent Gourran), je voudrois » bien entendre leur jargon ».

La Fontaine s'est emparé de ce joli mot dans les fourberies de Rodilard :

.... Notre maître Mitis
Pour la seconde fois les trompe et les *affine*,
Blanchit sa robe et s'enfarine ....
(*Le Chat et le vieux Rat*, Liv. III, F. 18).

L'idée de dupé, trompé, y est aussi exprimée par le terme *Gourran, Gouré* ou *Gourré*, indiqué dans tous les dictionnaires d'argot, comme venant de *Goure*, drogue falsifiée.

Enfin, pour répondre à l'observation de celui qui désire connaître la langue des voleurs, afin de se préserver (p. 124), l'auteur termine la *Serée* par une succession des termes habituels de cette langue imitative, où je relève parmi les plus curieux :

Anguer, pour marier ou pendre.
Artie, pour pain (emprunté au grec artos, comme notre patois artoun).
Pier, pour boire.
Pivois de Rougemont.
Pivois de Blanchemont, pour vin rouge ou vin blanc.
De la Bille, pour monnaie.
Petite Bille, fausse monnaie.
Les Anses, pour les oreilles.
L'Endosse, pour l'échine.
Un Bêlant, un mouton.
Un Grondin, un porc, etc., etc.

A peu près dans le même ordre d'idées, je m'arrêterai à la *Serée* 30e (Liv. III, p. 532). — Des pauvres et mendiants — où Victor Hugo a dû piller quelques éléments pour confectionner sa *Cour des miracles ;* il y est question des gueux ou *calins* qui simulent des plaies pour appeler la compassion des âmes charitables, et qui montrent une jambe *estiomenée*, *sphacellée*, fistuleuse, chancreuse. Les derniers qualificatifs expliquent les premiers.

Estiomené, pour purulent, se trouve dans Rabelais. Le glossaire annexé à l'édition de L'Aulnaye, le dérive de estiomène, qui désignait le feu Saint-Antoine, érésipèle.

Sphacellé vient de spakelos, gangrène.

Estiomené se rencontre avec le même sens dans

l'avis au lecteur qui précède les satyres de Courval-Sonnet (Edition de 1621, p. 37).

Le passage vaut la peine d'être transcrit :

» Si donc, j'ay détesté et censuré par mes saty-
» res tant d'erreurs, abus, malversations et dé-
» sordres, ... qui sera si passionné et privé de
» sentiment ..... de baptiser mes justes répri-
» mandes du nom de libelles diffamatoires, sinon
» ces âmes ulcérées de symonies, toutes pourries
» et putrefaictes de sacriléges, gangrenées de
» corruptions et d'injustices, toutes chancrées et
« *estiomenées* de larrecins..... vaultours et cor-
» beaux rapineux qui ne se repaissent et engrais-
» sent que des charongnes puantes de nos cor-
» ruptions..... »

Je m'arrête dans cette diatribe, qui rappelle certaines formules hyperboliques de quelques prêcheurs du moyen âge.

Pour en revenir à la curieuse langue de Bouchet — *Serée 18e : des Boiteux et des Aveugles* — (IIe livre, p. 162), il appelle un boîteux *tortipez*. Ce boiteux est entré dans la salle en menaçant de tuer quelqu'un qui lui avait fait un affront.

» Quand ce martial Vulcan fut sorty de la salle,
» nous demandasmes à notre hoste qui estoit ce
» tortipez si picrocholle? Un autre demande com-
» ment il pourroit tuer son homme, estant si
» *estropiat* ».

A cette occasion, l'hôte raconte la singulière rencontre de ce boiteux et d'un *torticoli* qui, pour se moquer de lui en faisant allusion à son infirmité, le priait de lui conter quelque chose de nouveau; — « il ne devoit pas être sans nouvelles, » allant de çà et de là. — Ce boiteux, voyant qu'il » avoit le col de travers, lors luy va dire : Tourne » donc un petit la teste par devers moi, et je t'en » conteray ».

Pas si bête, n'est-ce pas?

Quelqu'un de la *Serée* fait observer qu'il ne voudrait pas « que ce boiteux hantast seulement ses enfants ; car on dit : si tu hantes avec un boiteux, tu apprendras à clocher ».

Mais d'où vient, dit un autre, ce mot de *boiteux* et ce mot de *clocher?* Je vous donne pour ce qu'elle vaut l'explication d'un des assistants qui n'ignorait pas, j'en jurerais, que clocher vient de *claudicare*.

Il dit que : « Ce mot de boiteux venoit de » boëte, à cause que la sommité des os infé- » rieurs est cavée ou creuse en façon d'une » boëte de bois en rondissant, pour recevoir la » teste de l'os supérieur ; et que, quand la dite » teste de l'os est hors de la cavité, ou boëte, » si c'est au pied, la personne sera appelée boi- » teuse ; et dira-t-on qu'il cloche parce qu'il va » de çà et de là, comme une cloche qu'on sonne. » — Aussi, dit-on que les boiteux entrent dans » l'Eglise par le *clocher* ». — Toujours le mot pour rire.

La première de ces explications n'est pas si ridicule, puisque le déplacement de l'os de la hanche s'appelle déboîtement. — Quant à la seconde, je la prends pour ce qu'elle est : une simple plaisanterie, et je la passerai à Bouchet plus volontiers que l'assertion plus qu'étrange qu'il avance au sujet de Jeanne d'Arc, dans la 23e *Serée*, où il traite des accouchées ! Ayant occasion de rappeler, dans ce chapitre, la disposition légale en vertu de laquelle il est sursis à l'exécution à mort d'une femme enceinte, ou qui se dit telle, il ajoute : « Ce que firent les Anglois envers Jeanne » la Pucelle, laquelle, se voyant condamner, afin » d'eschapper, feignit d'estre grosse. — Par quoy » estant gardée neuf mois et d'avantage, et voyant » que cela estoit faux, on la fit brûler.. »

Dans la *Sere* 24e (2e livre, p. 347), relative aux nourrices, l'auteur, leur reprochant d'effrayer leurs nourrissons par des menaces extravagantes, arrive à donner au terme de *marmot* une origine assez plausible :

» Et trouvons en Théocrite qu'une femme nour- » rice menace son enfant de la *Baboüë* ou du » *marmot* ; dont est tiré le mot français *marmot*, » estant *mormo* un espouvantail d'enfant ».

Μορμω désigne en grec un spectre, figure effroyable, d'où μορμολυττομαι, effrayer par des figures épouvantables, et μορμολυκειον, mascarade, figure masquée.

Μορμω se trouve, en effet, dans la 15e idylle de Théocrite (les *Syracusaines*, vers 40), où la mère le prononce pour faire peur à son enfant et le retenir à la maison.

Βαβω est cité comme employé dans les *poèmes orphiques*, avec le même sens de « larve, fantôme ».

Μορμω et Βαβω sont deux équivalents de Loup-garou.

Les femmes du peuple de notre pays se servent en patois du mot *babaou* pour faire taire un enfant pleurard.

D'autre part, marmot, baboue ou babouin désignent le singe en général, ou une espèce particulière de singe; d'où l'on peut inférer que marmot a pu se prendre pour figure grotesque ou bouffonne, et, par extension, devenir synonyme de petit garçon, dont les traits ne sont pas encore bien débrouillés, puis, fournir les dérivés *marmouset* (figure grotesque), et *marmaille*.

Rapprochons le passage de Bouchet de ces vers de Béranger :

> Puis, en vrai Croquemitaine,
> Tu feras peur aux marmots.

où nous trouvons substitué au marmot qui effraie le marmot effrayé.

Mormô serait-il aussi l'origine et l'équivalent de *momon* ou *mommon?* Ce mot, dans ses emplois fréquents par Molière, signifie un défi ou un pari au jeu pendant une mascarade :

> Masques, où courez-vous ? le pourroit-on apprendre ?
> Trufaldin, ouvrez-leur, pour jouer un *momon*.
>
> (MOLIÈRE, *l'Etourdi*, III-2).

> Est-ce un *Momon* que vous allez porter ?
>
> (Id., *Le Bourgeois Gentilhomme*, V-1).

On disait alors : Porter un momon, perdre un momon, couvrir le momon (tenir l'enjeu).

Ménage propose de rattacher ce mot à Momus,

d'où viendrait aussi momerie (notez qu'un enfant est quelquefois appelé mome). Nicot, plus vraisemblablement, emprunte momon à l'allemand *mumme*, masque, mascarade. Vous voyez qu'il ne manque pas de rapports de forme et de sens entre mormô, marmot, mome, momon et momerie.

Je complète cette courte thèse par trois exemples curieux de momon :

Il était entre chien et loup,
Lorsque Jupiter fit son coup.
Il changea les divines têtes
En autant deterrestres bêtes ;
Ces dieux affligés et dolents
A cheminer ne sont pas lents ;
Ils vont du pied comme desBasques,
Et ni plus ni moins que des masques
Qui viennent de perdre un *momon*.

(Scarron. — Début du 4e ch. de *Typhon*.)

« Il est permis à toutes gens d'aller en masques... fors aux marchands et gens de basse condition... et n'entend-on par ce les priver d'aller en *mommon*, en robes retournées, barbouillez de farine ou charbon, faux visages de papier, portant argent à la mode ancienne ».

(Martial d'Auvergne : Début de l'ordonnance sur le fait des masqués, à la suite des *Arrêts d'amour*, Ed. de 1731, p. 472).

(Cet exemple peu connu nous fournit *mommon* dans le sens de masque).

Enfin, on lit dans une pièce très-rare, parue en

1628 : *Le Ballet des Andouilles porté en guise de momon* :

> Voici des masques de renom
> Qui vous apportent un *momon*
> Afin de réjouir les dames.

La note de Richelet sur *momon* est digne de remarque :

« Ce mot, selon les uns, vaut autant que si l'on » disait : mot-mot; et, selon d'autres, il vient de » Momus..... Le mot de *momon* viendra d'où il » plaira à Messieurs les étymologistes, mais il signi- » fie aujourd'hui (1680), parmi nous, l'argent que » les masques jouent aux dez et sans revanche du- » rant le carnaval, lorsqu'ils vont le soir chez les » particuliers de leur connaissance ».

Eh bien! Bouchet, à propos de ce more dont j'ai déjà parlé, s'exprime ainsi (Livre III, p. 508) :

» Ce villageois, voyant que ce more ne sonnoit » mot, va dire à ses compagnons : Il faut que ce » soit quelque porteur de masquarade ou de » *moumon*, qui s'est ainsy noircy et *chaforré*, » puisqu'il ne parle point ».

Le porteur de momon devait, en effet, s'abstenir de parler.

Les indications qui précèdent serviront d'éclaircissement à un autre passage de Bouchet qu'il convient de transcrire en entier, comme étude de mœurs, de la 4e *Serée* (Ier livre, p. 103, 104, 105, 106) (du Festin : *Le Roy boit)*. Vous y reconnaîtrez quelque chose de nos modernes joueurs de lansquenet, sauf pourtant la filouterie :

« Le Roy et ses sujets en buvoient davantage et » eussent continué, si de bonne fortune pour notre » hoste ne fût arrivé des masques, qui entrèrent » ayant seulement des robes fourrées à l'envers. » D'entrée, nous pensions que ce feussent esco- » liers : mais quand ils eurent mis les dez et la » bourse et l'argent sur table, chacun jugea que ce » devoient estre plutôst financiers qui s'estoient » ainsi équipez, de peur d'estre pris pour gens de » leur estat. Or, il arriva qu'un des nostres, » voyant que le *mommon* estoit bien gros, et qu'il » estoit bien aisé de se desguiser et accoustrer » comme eux, cependant qu'on regardoit si l'ar- » gent qu'on couchoit estoit bon..., il se retire se- » crètement, prend un masque, tourne sa robe » fourrée à l'envers. Ainsi masqué et habillé de » leur livrée, se met entre les masques, sans que » nous ni eux y cogneussions rien. Les masques » bien appris ne faillirent à s'adresser à nostre » Roy et vont jouer contre luy; dont nous fusmes » bien ayses, car il s'aidoit un peu des mains et » des doigts, et si cassoit la *noisille* ». — Noisille m'a échappé absolument; mais ceci signifie, si je ne me trompe, qu'il friponnait au jeu.

« Toutefois, il ne laissa de perdre son argent et » le nostre, nostre Roy ayant eu recours à ses » sujets; celuy qui estoit des nostres, et mainte- » nant est avec eux et habillé comme eux, voyant » que les masques avoient gaigné, met la main » sur l'argent et prend tant celuy que les masques » avoient apporté, que celuy que le Roy avoit » couché. Les masques ayant veu qu'un, qu'ils » pensent estre des leurs, avoit mis la main sur

» l'argent, sortent bien joyeux, car la somme
» estoit assez grande, et nous laissent bien eston-
» nez. Ce faux masque n'estant pas du bon coing,
» se desrobe des autres masques ainsi qu'ils sor-
» tent; les vrays masques, estant arrivez au logis
» où ils s'estoient masquez, s'esmoient (*s'esmeu-*
» *vent)* (pour rechercher) qui avoit serré l'argent
» de leur *mommon*, tant pour retirer ce que
» chacun avoit contribué, que pour départir leur
» gaing, se regardoient l'un, l'autre; tous jurèrent
» qu'ils ne l'avoient pas prins; tous asseurèrent
» aussi qu'un des masques l'avoit serré, et qu'ils
» l'avoient veu mettre en sa bourse.... Cependant
» que de leur costé ils contestent, ne sçavent ce
» qu'est devenu leur argent, et que du nostre,
» nous parlions de nostre perte, et quels pouvoient
» estre ceux qui nous avoient gaigné..... voici
» entrer celui qui avoit fait ce bon tour de Pa-
» nurge à nos gaigneurs, que ne cognoissions
» point, estant encore masqué, avec sa robe four-
» rée à l'envers, qui met sur table des dez et tout
» l'argent des masques et le nostre et fait mine de
» jouer. Nous estant piquez, pensons que ce fut
» un de ceux qui nous avoient gaigné, commen-
» cions à bourciller, quand, s'esclatant de rire, il
» se démasque, et nous monstre et l'argent des
» masques et le nostre, nous contant comme
» tout s'estoit passé ».

Après ce bon tour, on délibère, non pas si l'on rendra l'argent, mais si l'on conviera les dupes à en manger leur part. — On se réservè de prendre des informations sur les gens à qui l'on a eu à faire; mais, le lendemain, pour prendre leur revanche, ceux-ci reparaissent apportant un nouveau *mommon*, et jouent contre l'assemblée des dragées, confitures et sucreries, dont ils font d'ailleurs des largesses à tout le monde. Ayant joué leur masquarade, ces *mommoneux*, comme il les appelle, se retirent sans avoir voulu se démasquer. — Mais leurs dragées ont été préparées par un apothicaire.. .. et c'est là leur manière de se venger, dont on devine les suites.

Après ce récit joyeux, l'auteur arrive à donner lui-même son interprétation du mot qui nous occupe; voici comme :

« Le Roy ayant mis fin à son conte et juré qu'il
» n'estoit pas de la *mommerie*....., quelqu'un luy
» va dire : N'en dites plus; qui se défend s'accuse
» aucunes fois. — Ayant dit cela, il demande au
» Roy permission de déclarer dond venoit ce mot
» de *mommon*..... Ayant obtenu licence de dire
» tout ce qu'il voudroit, il commença à dire que
» porter des masques avant le Mardy gras, estoit
» venu des Bacchanales, qui se faisoient à Rome,
» et de ce que les joueurs d'instruments avoient, le
» treizième jour de janvier, liberté d'aller par la
» ville, ou s'aller esbattre chez leurs amis, dégui-
» sez en femmes; et aux ides de juin se pouvoient
» masquer et aller par la ville avec grandes rob-
» bes; et de ce que les grands seigneurs romains,
» quand ils vouloient aller par la ville, ou s'aller
» esbattre chez leurs amis sans estre cogneus, ils
» prenoient les accoustrements de leurs serfs,
» libertins et serviteurs, et les serviteurs les ha-
» billements de leurs maistres; dont est venu le

» mot françois mommon *à mutando,* et tel chan-
» gement ou mutation s'appeloit *synthesis, undè*
» *Nero synthesiatus,* parce que souvent il se des-
» guisoit..... Ou bien, va-t-il adjouster, le mot de
» mommon vient du verbe grec *mimeomai*, id est
» *imitari* ou *imitando* undè *mimi ;* comme on m'a
» dit. Ou bien il est venu de *mommo,* id est *larva*
» (il aurait dû dire mormô), faux visage, masque
» en françois. Toutes fois, à mon advis, disoit-il,
» que mommon est *verbum ficticium;* pour autant
» que ceux qui portent des masques, n'osans par-
» ler de peur d'estre cogneus, et aussy que par la
» loy des masquarades, ceux qui parlent perdent
» le mommon ; ils disent *mom, mon,* indè mom-
» mon. Que si vous voulez que ce mot de mom-
» mon et de mommeur vienne du latin *Momus*,
» qui est à dire moqueur, je le veux bien ; car
» nous voyons les comédiens italiens masquer
» leur pantalon et leur zani, afin de plus hardi-
» ment jouer et se mocquer, car le masque ne
» rougit point ; et le François badin se fariner et
» barbouiller de farine, comme faisoient les pre-
» miers qui inventèrent les masques, qui se cha-
» fouroyent de lie de vin, dont est venu *maschurez*
» qu'on dit en latin *mascarati* ».

Ceci vient à l'appui de ma supposition, à l'origine, que mommon pourrait bien se rattacher, comme marmot, à la racine grecque Μορμω (1). —

(1) Un édit de 1763, rapporté par M. Desmaze (*les Pénalités anciennes*, p. 192), défend les jeux de hasard, et cite, avec la Bassette, le Passe-Dix, le Hoca, le *Mormonique*. — Ce dernier se rattache certainement au momon.

A propos d'enfants je rassemblerai, sous une même rubrique, quelques termes qui se rapportent à ce premier état de la nature humaine. J'avais conservé dans ma mémoire le souvenir d'un mot *patois* familier et populaire que j'avais entendu appliquer aux enfants chétifs, mal venus, maigrelets: *un régrioulé, pichot régrioulé,* disait-on autour de moi, dans mon enfance, pour désigner un de ces êtres souffreteux, comme qui dirait un rat écorché. Eh bien! une expression fort ressemblante se rencontre dans ce passage de la 8e *Serée* (des Cocus et des Cornards (Liv. I, p. 253).

« Les dames se moquoient de sa femme qui » avait de chétifs enfants, maigres et *regrouys,* au » lieu que les leurs estoient frais, gras et bien po- » telez, et lui demandoient comment elle faisoit » ces petits avortons si menus, si faibles et des- » nués ».

Je supprime la réponse et pour cause; vous comprenez que tout le chapitre est écrit sur un ton plus que léger; mais je fais, en ce moment, une étude de langue plutôt que de mœurs et, à ce point de vue, ne reconnaîtrez-vous pas avec moi un air de famille, mieux encore une étroite parenté, entre le *regrouys* de la 8e *Serée* et le *régrioulé* de ma nourrice ?

Quelques pages plus loin (Liv. I, p. 265), se rencontre, pour enfants illégitimes, le terme de *champi,* qui n'est pas très-commun hors de son pays originaire. Le Poitou, il est vrai, n'est pas loin du Berri.

Bouchet a encore un joli mot pour désigner les

hommes efféminés ; il écrit (25e *Serée,* des gens de guerre. Liv. III, p. 413) :

« Vous direz ce que vous voudrez ; si est-ce que, » si j'avois à lever des gens de guerre, je ne pren- » drois pas des efféminez et *fillerets,* mais je choi- » sirois bien plutôt des gens rudes et rustiques ».

Filleret est le digne pendant du *dameret,* de Boileau.

Il emploie également (liv. I, p. 240), comme qualificatif pour signifier incomplet, le mot *manque,* que j'avais déjà signalé avec le même sens dans du Bellay :

« Lycurgues institua pour loi, en Sparte, que » les enfants qui naissoient laids et *manques* de » quelque membre ou monstrueux, fussent en- » voyez ès lieux eslongnez et déserts ».

20e *Serée.* — *Des bossus, des contrefaits et des monstres.*

Il est créateur, dans la 23e *Serée* (liv. II, p. 294), avec le mot *essuccé,* pour épuisé, dépourvu de suc : « S'il est permis d'user d'herbes et de médi- » caments pour remettre sus ceux qui sont *essuccez* ».

Dans la 26e *Serée* (liv. III, p. 428, 437), *des personnes grosses et grasses.* — Dissertant sur les différences d'aptitude et d'intelligence entre les personnes alourdies par la masse de chair et celles qui sont peu chargées de graisse, il emploie le joli mot *dehet* ou *dehait* pour vif, allègre, assez répandu chez les écrivains de son temps, mais avec le sens de triste, mélancolique; et il va chercher dans Pline, pour la revêtir d'expressions très-colorées, mais d'une énergie un peu grossière, cette pensée :

» Que les gens gras sont de lourd esprit, mais » aussi qu'ils sont plus *aperts* et moins *simulez* » (notez ces deux mots) que les chiches-faces et » chie-froidure de mingrelins et assechez de ma- » lice ».

Mingrelin me paraît être frère ou cousin-germain de *maigrelet,* qui prend, dans la Fontaine, la forme de *mingrelet* :

> Taille non pas de quelque mingrelet.
>
> *(Le diable de Papefiguière)*.

Comme si ces diminutifs familiers, *maigrelet, mingrelet, mingrelin,* étaient insuffisants à rendre leur pensée, nos modernes feuilletonistes, qui ont inventé le *Petit-Crevé,* ont imaginé les termes de *maigrichons* et *maigriotes* pour désigner les spécimens des deux sexes de notre race dégénérée (voy. « Courrier de Paris » de *L'Illustration,* 25 juin 1870).

Passant de la forme au fond, je ne vous conseillerai pas d'employer la recette qu'un des interlocuteurs de la 26e *Serée* va emprunter à Laurent Joubert pour se préserver d'engraisser : c'est de s'abstenir de rire ; je tiens pour moi (sans invoquer l'axiome de Rabelais : « le rire est le propre de l'homme »), que le rire est une bonne et douce chose, et je me sens très-peu disposé à me régler sur les visages rechignés et sur les esprits mélancoliques.

Bouchet, avant Courval-Sonnet, ce dernier avant

Rétif, ont retranché l'*e* muet au masculin des adjectifs terminés en *ic, il, el,* dont les deux derniers reproduisent, pour la plupart, les qualificatifs correspondants en latin terminés en *is : Fidelis, utilis, mortalis.*

Nous écrivons *réel, mortel, naturel, éternel, cruel;* Pourquoi n'écririons-nous pas pareillement *fidel?* pourquoi mettre un *e* au masculin *utile, fertile, facile, habile,* quand nous l'avons rejeté de *civil, subtil, puéril?* Pourquoi n'avons-nous pas adopté les formes *rustic, comic, théoric, pratic, politic,* qui seraient analogues à la même terminaison admise pour *public* (1)?

Rétif de la Bretonne, novateur et réformateur à outrance, aurait-il porté malheur à cette louable réforme, ou plutôt à ce sage retour au bon sens et à la logique ? S'il eut une fois raison, c'est dans sa persistance à reproduire cette modification à l'orthographe française. — Je suis loin de regretter que la révolution tentée par M. Marle ait succombé sous le ridicule de sa conception ; mais je ne comprends pas non plus que l'Académie française se refuse, avec une obstination inqualifiable, à admettre certaines réformes, quand elles sont parfaitement justifiées ; de ce nombre me paraît incontestablement celle que je signale après nos vieux auteurs. Est-ce parce qu'ils n'ont pas eu la notoriété et l'autorité de Bossuet, de Voltaire

(1) La Fresnaie-Vauquelin, dans son *Art poétique,* écrit : *héroïc, tragic* et *comic.*

> L'*héroïc,* le *tragic* use indifféremment
> Avecque le *comic,* de ce doux changement.

Il écrit *patic* pour *pathétique.*

et de Ch. Nodier que leur tentative a avorté ; et devrait-on considérer, en fait de grammaire, comme en matière plus haute, de quelle origine émane le bien pour en faire ou non son profit ?

Parmi les mots neufs ou étranges, et qui auraient pu avoir meilleure fortune, mais que Bouchet n'a pas la prétention d'imposer, car il n'est pas, comme Ronsard, pédant et dogmatique, je citerai :

Debteur et *créditeur* (Liv. II p. 109), que j'avais déjà relevés dans mon étude sur Du Bellay, et qu'affectionne Rabelais.

Il dit aussi *credible* pour croyable, *vendible* pour vénal, *duit* pour habile.

Duit à manier les armes.

A défendre il oppose *offendre ;* et pourquoi pas ? et pourquoi ne dirions-nous pas *ascendre* en opposition à descendre ; on y viendra peut-être, puisque l'on vient de créer ascenseur.

J'approuverais moins *fœteur* pour mauvaise odeur, quoique ce substantif manque comme correspondant à *fétide* ; et *tremeur* qui vaudrait mieux cependant que tremblement.

Tremeur est employé par Mme de Sévigné :

« On attend des nouvelles d'Allemagne avec » tremeur ; il doit y avoir eu un grand combat ».

(7 août 1676, t. IV, 418, *édition Monmerqué).*

Orbe (Livre III, p. 471, 472) pour aveugle ne me paraît pas satisfaisant : on doit le traduire par privé avec un sens général ; il signifierait aussi bien veuf, privé de femme, que aveugle ou privé de la vue.

Dans le chapitre des barbiers (27e *Serée*), le peuple fait lâcher prise aux sergents et records à force de *gorrettes* et de coups *orbes*, c'est-à-dire qu'ils frappent en aveugles et au hasard. Je n'ai pas trouvé l'explication de *gorrettes* ; quant à coups *orbes*, Laurent Joubert les définit : coups qui ne pénètrent pas dans la chair, qui ne font pas d'entaille et d'où résulte seulement contusion. Il s'exprime ainsi, dans la deuxième partie de ses *Erreurs populaires* (éd. 1579, p. 203) : « Notre vul-
» gaire dit *fouler* et *affouler*, le mal qui est de
» contusion (foulure) comme par cheute, coup de
» bâton, de pierre ou autre coup *orbe* » ; c'est-à-dire fait par un instrument contondant, ou bien coups de pied et coups de poing, comme il faut l'entendre dans un passage d'une pièce facétieuse du sieur de Sigognes, insérée dans le *Cabinet satyrique : Le combat d'Ursine et de Perrette, aux Augustins.* On y lit, t. II, p. 61 :

Coups orbes de pieds et de patte
Pleuvent sur ce corps délicat,
Alors la couleur écarlate
Donne au teint noir un bel esclat (1).

En regard de *louche* (liv. II, p. 227), qui vient du latin *luscus*, il dit *bicle*, terme dans lequel je crois retrouver notre patois *tucle* ; il exprime le même défaut de nature par le mot *guerle*.

(1) La même pièce et la suivante : *Response par le sieur de Motin*, renferment de nombreux exemples de la licence qui permettait de faire rimer, par la suppression d'une consonne, des mots comme ceux-ci : risque, pratique ; vache, démarche ; housse, bourse ; fourche, souche.

Le poète Saint-Amant, dans sa pièce de *Rome ridicule*, emploie le même mot un peu radouci par la substitution du *g* à *c* : *bigle.*

L'œil *bigle* d'ire, et plein de feu.

Bastant pour « suffisant » (liv. II, p. 109), a disparu à peu près ; il n'était pas à dédaigner.

« Guillaume de Wittemberg apprint l'estat de » chaussetier, pour subvenir, quand la fortune » *basteroit* mal pour lui ».

Dentade, pour coup de dent, était aussi à conserver.

« Mais je ne sceu si bien faire qu'il ne me donnast une *dentade*, et que ses dents ne me fissent grand mal ».

Certains augmentatifs ont bien leur mérite et leur utilité. Parmi ceux qu'on obtient par l'addition du suffixe *ard*, nous employons volontiers de nos jours : Vantard, grognard, veinard, gueulard, gueusard et gaillard (l'exagération de gai, gaîté bruyante et un peu grossière) ; gandard, pour grand vaurien, a un parfum tout nimois.

En voici deux empruntés à Bouchet, auxquels l'idée d'exagération n'enlève rien de leur grâce :

Un mari parlant de sa femme : « Tu ne seras » jamais riche ; tu es trop paresseuse et grande » *dormarde* (liv. II, p. 106) ».

Plus loin (liv. II, p. 375), un soldat :

« Soit qu'il eust été de garde la nuict précé» dente, soit qu'il fust grand *dormard* pour avoir » les veines fort petites ».

Ailleurs (liv. II, p. 311), il oppose à un père vaillant et hardy un autre *sotard* et badin.

On a fait un grand abus, de nos jours, des termes *chic* et *chicart,* qui sont passés de l'argot de la mansarde et de l'atelier dans la langue usuelle et le dictionnaire : ils m'apparaissent dans la 25e *Serée* (des gens de guerre, liv. II, p. 378) sous un jour assez nouveau :

Un capitaine et ses soldats ont envahi une métairie et y vivent à discrétion (ou, pour mieux dire, sans discrétion, interrompt le conteur) en mangeant les provisions et buvant le vin de de leur hôte forcé. — Le capitaine le raille encore et entend qu'il fasse contre mauvaise fortune bon cœur :

« Dites, Monsieur, maudite soit chicheté. Lequel pour lui complaire disait : Maudit soit le » déchiqueté. — Vous ne dites pas bien, répliquait » le capitaine ; il faut dire : A tous les diables » chicheté. — A tous les diables le déchiqueté, » disait toujours le bonhomme. Le capitaine ne » s'en faisoit que rire ; mais son hôte n'en avoit » nulle envie ; aussi que ce seroit une grande folie » de rire et voir manger son bien devant soy ».

Et comme si ce récit n'était imaginé que pour amener un petit bout de dissertation savante :

« Celui qui faisoit le conte fut interrompu par un de la *Serée,* lequel soustenoit que déchiqueté étoit venu d'un nommé *Chicart;* car, on dit : brave comme Chicart ; ou bien : de *Chic à chic*, c'est-à-dire petit à petit, et dont est venu *Chicanoux,* qu'on prononçoit anciennement *chiche à nous* — car jamais, ils ne veulent débourser ». Serait-ce là une explication à la Ménage? Chic, chiche, chicanoux, déchiqueté ? — Non, elle me paraît acceptable. — Quoi qu'il en soit, *chic*, petit; *chicheté*, petitesse; *chiche*, *chicanoux*, dur à la desserre ; *déchiqueté*, coupé en morceaux, qui se rattachent tous à l'espagnol *chico*, petit, d'où dérive également *chico*, petit morceau de bois (*frustulum*) ou fragment d'une dent, tous ces mots n'ont que peu ou point de relation de sens avec *chic*, certain faire hardi et de prime-saut en peinture; *chicard*, beau, brillant, éclatant, équivalent de *chouette*, dans l'argot moderne.

La même association d'idées existe dans la langue grecque où *σμικρίνος* qui signifie petit, se prend aussi dans le sens d'avare, chiche.

Bouchet, selon moi, explique mieux que tout autre de ses devanciers ou successeurs la bizarre locution : *boire à tire-larigot*, en dérivant larigot de larynx; génitif : laryngos.

« A propos d'un archer, ami de la bouteille, un » savant qui se trouvoit à la table de François Ier » (comme il y en avoit toujours), avoit dit que cet » archer avoit bu à *tire-larigot*. Les personnes pré» sentes l'avoient prié de leur interpréter cette » expression ; et le savant, sans se faire prier da» vantage, leur avoit dit que larynx, laryngos, » étoit une partie de la trachée artère ; ce qui » faisoit que boire à tire-larigot valoit autant que » boire à élargir autant que possible le gosier ».

Cette explication vaut mieux qu'une seconde que je rencontre au même endroit à la suite de la première, et suivant laquelle les soldats de Clovis, après la bataille de Vouillé (an 507), pour se moquer du roi des Goths, Alaric, vaincu au passage de la Vienne, se seraient provoqués à boire en disant : Je m'en voy boire à *te le Re Alaric Goth.*

Ceci n'est évidemment pas sérieux ; car il faudrait établir, pour donner quelque fondement à l'assertion, qu'on parlait français au commencement du VIe siècle. Bon pour Rabelais de s'emparer de cette interprétation bouffonne ; mais on s'étonne d'y voir attacher quelque foi M. Quitard, auteur très-sérieux d'excellentes études sur la langue proverbiale.

Rien de plus fondé dans la supposition que Boire à tire Larigot (qu'il faudrait écrire Tire-la-Rigault), signifie boire comme un *Sonneur*, sous prétexte que Odon Rigault, archevêque de Rouen (mort en 1275), aurait fait placer à l'église N.-D. de Rouen une grosse cloche tellement pesante à ébranler (suivant Taillepied, *Antiquités de la ville de Rouen*) qu'il fallait douze hommes pour la mettre en mouvement.

« Et parce que le temps passé escheoit bien de » boire avant que de la sonner, le proverbe com- » mun est venu qu'on dit d'un bon buveur qu'il » boit à tire-la-Rigault ».

On ne peut pas inférer de ce passage emprunté à Taillepied que la cloche en question eût été baptisée du nom de Rigault, comme cela est avéré pour celle qui portait le nom du cardinal George d'Amboise.

Toutefois, il est bon de faire remarquer que la forme Tire-la-Rigault est celle qu'emploie Olivier Basselin, poète virois, normand par conséquent, dans plusieurs endroits de ses *Vaux de vire.*

Il ne faut voir aussi qu'une altération de forme

sans en tirer aucune conséquence, dans l'expression d'une pièce bachique d'Olivier de Magny.

> Puis, d'une entreprise gaie
> Qu'on essaie
> De boire à *tire-ligot.*
> (Edition LEMERRE, 1871, p. 171),

Larigot est en réalité la forme la plus usitée. Ce mot signifie, dans la langue du XVIe siècle, flûte, chalumeau, et est employé plusieurs fois dans ce sens chez les vieux auteurs, notamment dans Ronsard.

> . . . . Margot
> Qui fait danser les bœufs au son du larigot.

Ménage, qui cite un autre passage des églogues de Ronsard :

> Herbes qui boutonnez, vertes âmes sacrées,
> Si sous mon *larigot* reverdir je vous voy.

Le naïf Ménage nous fournit à cette occasion un curieux exemple de son système commode de chercher et trouver les étymologies, inventant, pour rattacher au mot primitif un prétendu dérivé qui aurait subi une profonde altération, toute une série d'intermédiaires qu'il crée à plaisir pour les besoins de la cause. — Voyez comme :

Larigot veut dire flûte et vient de *fistula* (flûte), savoir : fistula, fistularis, fistularius, fistularicus, laricus, laricotus, *larigot.*

Il ne prend pas la peine, il est vrai, de citer les textes à l'appui et il ajoute, sans sourciller : « et

» de là : *boire à tire-larigot,* à cause de la ressem-
» blance des longs verres aux flûtes ».

Le Duchat n'est pas plus sérieux que Ménage quand, de ce que *Larigot* signifie *Chalumeau*, il conclut que, par le moyen de ce chalumeau, on attirait jusqu'à la dernière goutte de la liqueur contenue dans un verre, et que c'est ce qu'exprime la locution proverbiale.

Je n'admets pas davantage M. Quitard supposant ou affirmant que, parce que Larigot signifie *flûte, chalumeau*, boire à tire-larigot, c'est boire comme un joueur de flûte, un musicien, ce que le peuple appelle *flûter, chalumeller*. Le peuple dit plutôt *siffler, sabler*... Je vous le demande! l'explication de Bouchet n'est-elle pas plus logique, plus naturelle? Larigot dérivé de Laryngos, Larynx. *A tire-larigot* n'exprime pas la manière, mais la quantité, l'extension.

J'ajoute à l'appui les indications du dictionnaire de Cotgrave (1660) qui donnent à Larigau deux significations : celle de flûte et celle de gorge, tuyau de la respiration. — Les Anglais disent, d'ailleurs, de nos jours : Wind pipe, tuyau à l'air pour « gosier ».

Tout ceci concorde fort bien pour établir la relation entre les deux sens de Larigot : 1° gosier, larynx; 2° flûte, pipeau ou chalumeau; et la confirmation de l'interprétation de Bouchet — à tire-Larigot, c'est-à-dire en élargissant le gosier autant que possible; il serait peut-être mieux de supposer : en étirant ou allongeant le cou. La pensée devient alors analogue à celle-ci : rire, chanter à *gorge déployée.*

A l'occasion des gens de guerre, Bouchet avance sur le courage et la poltronnerie des assertions assez singulières : Je ne m'arrêterai pas à la forme du mot *Poltronise,* qu'il emploie au lieu de poltronnerie. Cela n'a pas d'importance ; mais me reportant à un chapitre très-intéressant des *Récréations philologiques* de Génin, je rappellerai que ce critique subtil, cherchant l'origine du mot *Poltron,* rejette l'étymologie de *Pollex truncatus* pour lui préférer *Poultre,* jeune jument ombrageuse ; je ne prétends pas que l'étymologie *Pollex truncatus* soit plus fondée que celle de *Caro data vermibus* comme origine de *Cadaver ;* elles ne doivent peut-être toutes les deux leur faveur, sinon leur autorité auprès de quelques esprits, qu'à un rapprochement singulier et par trop ingénieux : Pourtant quelques souvenirs historiques ramassés par Bouchet seraient de nature à donner un certain poids à cette origine : je les puise dans la 14e *Serée* (des Pendus, des Décapités, etc.) (Liv. II, p. 74.)

On y lit que « les Romains dispensoient de la » guerre ceux qui étoient blessés au poulce, comme » s'ils n'avoient plus la prinse des armes assez forte ; » par quoi Auguste confisqua ses terres à un che- » valier romain qui avoit, par malice et par fraude » à la loy, couppé les poulces à deux siens jeunes » enfants pour les dispenser de la guerre — Vetia- » nus paravant ayant esté condamné à perpétuelle » prison pour s'estre couppé le poulce de la main » gauche dans le même but ».

A propos des misères et des cruautés de la guerre, du courage ou de la couardise qui se rencontrent, à l'occasion, chez certains individus, il fait raconter l'anecdote du baron des Adrets faisant précipiter des soldats sur des piques du haut des remparts (de Mornas, je crois), et de celui qui se sauva par un trait d'esprit; il a une singulière expression pour marquer la terreur causée par les gens de guerre pillards et dévastateurs (Livre III, p. 384):

« Si nos gens de guerre, réplique quelqu'un, es-
» toient aussi asseurés que ce soldat, vous ne ver-
» riez point tant de vanteries que font ces *Jarni-*
» *guois* qui font trembler le salé jusque dans les
» celliers ».

Appelle-t-il les soldats du nom de Jarniguois, parce c'est un de leurs jurons favoris? Probablement.

A deux reprises, quelques lignes plus loin, il exprime une idée très-blessante pour notre amour propre :

Un homme d'armes voyant qu'on parlait de ceux qui fuient, va dire (liv. III, p. 385) « que
» les hommes d'armes françois, qui se doivent
» tenir fermes et comme un fort, ne devoient
» s'accoustumer aux courses et escarmouches,
» là où il faut souvent fuyr ; car ils s'y sont
» si bien accoustumez que, là où il faut tenir
» bon, ils tournent les talons. Les peuples nou-
» vellement découverts, que nous appelons bar-
» bares et sauvages, nous accusent de peur et
» de couardise; combien que nous nous disons les
» plus vaillans du monde ».

Quant à soutenir la durée d'un siége, même insuffisance de notre part :

« Soit la faim ou la soif qui fasse plus tost

» rendre les villes, sur toutes nations il n'y en a
» pas une qui les supporte moins que les Fran-
» çois et se fasche plus de boire de l'eau et manger
» des rats que luy; ne se contentant pas de lard,
» de biscuit et de vinaigre comme les anciens
» Romains » (liv., III, p. 387).

Je ne veux voir, dans ces deux passages, qu'une boutade sans fondement légitime, comme dans le propos de celui qui ajoute que, si l'on renferme des femmes avec des hommes : « Baillez-leur plus à
» boire qu'aux hommes..., pour ce que rien n'altère
» tant que le beaucoup, souvent et véhément par-
» ler, que nous disons *babiller* (ailleurs il dit
» *venasser*), dont les femmes se sçavent si bien
» escrimer (liv. III, p. 388) ».

Voici maintenant, pour éviter ou supporter la soif, une recette que je suis loin de garantir :

« Que si nous voulons renfermer, ajoutait-il, le
» soldat françois, il faut renouveler la composition
» de l'*Alima* ou *Adipsa* qui ostoit la faim et la soif,
» ou bien lui bailler une herbe que les Amériquains
» (qui est une partie du monde nouvellement des-
» couverte, contenant plus de 2,000 lieues) nom-
» ment *Petum*, de laquelle ils prennent quatre
» ou cinq feuilles qu'ils font dessécher, puis les
» enveloppent dans une autre grande feuille d'ar-
» bre en façon de cornet à espice. — Cela fait, ils
» mettent le feu par le petit bout et l'approchent
» ainsi allumé de leur bouche et en tirent la
» fumée, qui les nourrit cinq ou six jours sans
» manger aucune chose, faisant cela principale-
» ment quand ils vont à la guerre et que la néces-
» sité les presse ».

Voilà donc le tabac avec la manière de s'en servir, sous forme de cigare ou de calumet, préconisé à ses débuts comme préservatif de la faim et probablement de la soif. Je demande aux habitués de nos jours si l'usage de cette drogue les dispenserait, même pour un jour, de manger ou de boire.

Une singulière distinction à la suite :

« Que si vous prenez de la *Nicotiane* ou herbe à la reyne (qu'aucuns maintenant appellent *pe-*
» *tum*), et on n'y trouve ceste vertu; soyez asseuré
» que ces deux plantes n'ont rien de commun, ny
» en fortune, ny en propriété avec le vrai *petum*
» des Amériquains, non plus que l'*angoumoise*
» qu'on vante estre le vray *petum* (liv. III, p. 389) ».

Je suis, pour mon compte, porté à croire, quoique sans expérience de la chose, que le procédé ci-dessus décrit n'a pas plus d'efficacité que l'emploi de l'herbe *Hippicen* qui, au rapport de Pline, autre espèce d'empirique, permettait aux Scythes et à leurs chevaux d'endurer la faim et la soif, jusqu'à douze jours entiers pour les hommes.

Que veut dire Bouchet lorsque, parlant des soldats fanfarons, capitans, faux braves, qu'il a déjà qualifiés de *Picrocholles*, il dit en parlant d'un de ces vantards : ce *Trasonesque?* (Livre III, p. 403). Je suis un peu confus de ne pas avoir tiré l'explication de mes propres souvenirs : Il m'a fallu recourir au journal *l'Intermédiaire*, dont un des collaborateurs les plus subtils (M. Octave Delepierre, je crois, sous la signature O. D.), me rappelle le personnage du nom de *Thrason* passé d'une comédie de Ménandre dans *l'Eunuque*, de Térence, où, dans la scène VIII du IVe acte, il s'épuise en vaines menaces, et, pour enlever sa maîtresse, parle de rassembler une armée et d'emporter d'assaut la maison. Un autre érudit, qui signe A. D. dans la même feuille, me signale un passage d'une comédie de Pierre de Larivey (*Le Fidèle*, acte Ier, scène VIII), où, à propos d'un caractère pareil, un des acteurs s'écrie : O quel Trason ! quel *Miles gloriosus !*

Un peu plus loin, parlant encore de ces rodomonts, Bouchet ajoute :

« Le capitaine, *assavanté* de ses insolences, le » gardoit pour combler le fossé à quelque raison» nable brèche. L'heure venue, voulant faire mar» cher son homme à l'assaut qui se donnoit à Ve» zelay, il le trouva tout autre qu'il n'estoit, *man-» geant le cul des poules sur le bonhomme;* car, » *tremblant de hardiesse,* il prie son capitaine avoir » pitié de luy, disant pour toute raison qu'il estoit » si chaud et si téméraire, qu'il se feroit tuer in» continent, si on l'envoyoit en lieu si dangereux ».

N'admirez-vous pas notre homme *tremblant de hardiesse?* Le capitaine *assavanté* (pour *informé*) est loin de me déplaire. Le mot s'est déjà produit au début de l'ouvrage (1).

Quant à *mangeant le cul des poules* sur le *bonhomme,* je ne m'y arrête que pour signaler le côté

(1) Franchement, j'aimerais mieux avoir doté ma langue des mots *filleret* et *assavanté* que de *procrastination* et *inconstitutionnalité,* en regard desquels les *sesquipedalia verba* d'Horace ne sont que de petits enfants.

pittoresque de l'expression qui me semble s'appliquer soit à un soldat en maraude, soit à un soldat réfugié au fond d'un poulailler. Le *bonhomme* est évidemment le pauvre peuple.

Un dernier mot à relever dans la 25e *Serée :*

Un capitaine, pendant les guerres de religion, voulant s'emparer du cheval d'un gentilhomme, sous prétexte qu'il était de la religion prétendue, dépêche contre lui quelques soldats qui, n'osant pas l'attaquer, se bornent à lui dire de venir parler à leur capitaine; ce dernier, les voyant venir sans le cheval, les appelle *chelmes* et poltrons. La justification des soldats ne manque pas de sel : « Morbleu, mon capitaine, pourquoi lui eussions-nous osté son cheval ? Il n'est point huguenot : il jure et maugrée plus que nous (1) ».

Le mot *chelme* pour « poltron » se rencontre aussi dans le *Réveille-Matin*, pamphlet attribué à Théodore de Bèze, mais écrit autrement : *Sch.* au lieu de *Ch.*

« Il n'y a *Schelmes* plus vilains que ceux-ci ».

(2e Dialog. 164-165.)

Il y a dans la 3e *Serée* (des Riches et des Avaricieux), deux mots singuliers, qui ne sont plus d'usage dans le sens que leur donne Bouchet : Le premier, *Tacroux*, (Liv. III, p. 579) s'explique par sa juxtaposition avec le synonyme qui l'accompagne : « Je ne vous conterois point l'avarice d'un taquin

(1) Les huguenots en effet, comme les Puritains d'Ecosse ou les Têtes rondes de Cromwell, en opposition aux cavaliers royalistes, se piquaient d'une plus grande sévérité de mœurs, et affectaient beaucoup d'austérité extérieure.

» et *tacroux*, si la rencontre n'estoit aussi senten- » tieuse que plaisante ». Vous voyez, par l'annonce, que le conte, quoique souvent accompagné de détails croustilleux, se réfère à une intention moralisante. « Tacroux » a tout à fait disparu, et « taquin » ne s'emploie plus dans le sens d'avare : il désigne un caractère contrariant et chicaneur.

Le second terme, *Excommange*, aussi plus que vieilli, se trouve en tête du récit : ce vilain, qualifié de taquin et tacroux, fait publier au prône à sa paroisse « une *excommange* pour des naveaux qu'il prétend qu'on lui a dérobez »; et, s'apercevant ensuite que c'est sa propre femme qui abuse d'un goût pervers pour ce légume, il s'en va dire au curé de « ne pas passer plus oultre à publier l'excommange de ses naveaux ». Excommange n'est qu'une forme un peu altérée d'excommunication, changement analogue à celui qui s'est produit dans la formation des noms de lieux terminés en *ange*, *angue*, et *argues*, correspondant à une forme intermédiaire qui se distingue par la terminaison *anicus*, *anica*.

Le chapitre des Ladres et Mezeaux (36e *Serée* (Liv. III , p. 690-691), va nous donner du proverbe *riche comme un ladre* une explication qui aurait peut-être besoin de caution. « Les ladres engen- » drent peu ; et, tant moins qu'on a d'enfants, la » succession en est meilleure », ou bien, dit un » autre, les ladres sont riches, parce que per- » sonne ne veut se mettre en leur lignée », autre motif pour que la famille prenne moins de développement.

Qu'il soit fondé ou non que les ladres devenaient riches, toujours est-il que, dans ce dicton, se trouve la signification de l'emploi de *ladre* pour avare.

Un des interlocuteurs de la *Serée* rapporte en outre qu'un des habitants de la paroisse aurait répondu au *fabriqueur* (pour fabricien ou marguillier, je suppose), qui faisait la quête pour les ladres : « Je ne veux rien bailler pour les ladres ; car » on dit que les plus riches de la ville le sont ».

Bouchet, après avoir fait remarquer, à tort ou à raison, que les ladres sont plus nombreux dans les contrées méridionales que dans le nord, à cause de l'extrême chaleur, ajoute qu'ils sont assez rares en Poitou ; que, s'il en existe, ce sont ladres blancs appelés *cachots*, *caquots*, *capots* et *gabots*, qui ont la face belle et les marques de ladrerie seulement à l'intérieur ; et ceci m'amène à rappeler qu'on dit en effet *ladre-vert*, en parlant des avares, plus ladres que d'autres, que les ladres blancs, probablement.

Il raconte ensuite que, en un certain temps, des guerres de religion sans doute, le pays étant exposé aux vexations des gens de guerre, beaucoup d'individus essayaient, pour s'en préserver, de se réfugier dans les léproseries ou *maladeries* et que, dès-lors, « pour éviter l'encombre- » ment de ces hôpitaux *peculiers*, on fut con- » traint de faire *langoyer* ceux qui vouloient entrer » sous prétexte de maladie, estant défendu à toute » personne de se dire ladre s'il ne l'estoit à *vingt* » *et quatre* carats, à poids de marc, et à l'*épreuve* » *de la copelle*, rejettants des maladeries ceux qui

» n'en avoient que deux ou trois grains » (Liv. III, p. 689).

Je ne connaissais jusqu'à présent l'office de langueyeur que pour constater les grains de ladrerie dans les abattoirs, ainsi que cela se pratique en particulier à Nimes, de temps immémorial. Est-ce à dessein que mon auteur écrit *maladerie* et non *maladrerie*, et faudrait-il rattacher le nom de ces hôpitaux au mot générique malade plutôt qu'au mot spécial ladre. — C'est une question. Les progrès de l'hygiène nous ont heureusement délivrés en France de ces maisons de santé, spécialement affectées aux lépreux; je noterai, en passant et à cette occasion, une amélioration qu'il m'a été donné de constater récemment à Nantes, dans la construction d'un nouvel hôpital : on ne s'est pas contenté, comme on le faisait généralement dans les maisons de ce genre, d'affecter des salles particulières aux fiévreux, aux maladies contagieuses, etc.; on a fait à Nantes des corps de bâtiments particuliers et largement isolés par des cours, pour y traiter séparément les divers genres de maladies. Aussi l'établissement est immense. J'ai lieu de penser, sans prétendre qu'il réalise le dernier terme des perfectionnements, que l'hôpital de Nantes, créé en 1867-68, sera considéré, pour un certain temps, comme un établissement modèle.

La 10e *Serée* (liv. I, p. 336) est consacrée aux médecins et à la médecine; vous pouvez croire qu'elle contient une fière collection d'anecdotes et de bons contes, qui auraient pu fournir ample matière à la verve caustique de Molière.—Ce chapitre renferme de nombreux emprunts au célèbre livre de Huarte, *l'Anacrise*, que j'ai trouvé d'ailleurs cité plus de dix fois dans le cours de l'ouvrage de Bouchet. Ce n'est pas sans étonnement que j'y rencontre, sous forme de souhait, un usage qui se renforce chez nous de jour en jour; c'est l'emploi de médecins spécialistes.

Quelqu'un de la *Serée*, à la suite des plaisanteries de tous genres qui abondent au sujet de l'exercice de la médecine, commence à dire : « Vu » l'ignorance de nos médecins, il seroit de besoing » que chasque médecin ne guerist qu'une mala- » die, ou de la maladie d'un seul membre, comme » faisoient les anciens. Encore, dit-il, seroient bien » empeschés, veu que Galien dit : que l'œil, qui » est des plus petites parties du corps, peut estre » molesté de *cent douze* manières de maladies ».

Cette recommandation a fait fortune. Ne pourrait-on pas remarquer en outre que si, dans le commerce de nos jours, la généralité domine, c'est-à-dire la concentration et l'agglomération de toutes sortes de marchandises dans de vastes bazars; dans les études littéraires et scientifiques, par contre, la séparation des genres va s'accusant de plus en plus, et, jusques dans la profession d'avocat, on en vient à rechercher, dans un cas donné, ceux qui ont fait une étude approfondie et qui ont acquis une expérience ou une longue pratique de certaines questions.

Voulez-vous une autre sage recommandation pour laquelle vous serez parfaitement d'accord avec notre conteur : il s'agit de l'étude des langues étrangères au sujet desquelles Bouchet s'exprime ainsi : 35e *Serée.* — De la diversité des langues et du langage. (Liv. III, p. 681).

« Quelqu'un demanda si l'on n'apprendroit point » plus tôt et plus facilement la langue latine en » l'apprenant, comme nous faisons l'italien, l'es- » pagnol ou l'allemand, en demeurant et conver- » sant avec eux, qu'avec des règles de la gram- » maire? Quant à moi, disoit-il, je pense que les » anciens apprindrent le grec et le latin avec » moins de difficulté qu'aujourd'hui, parce qu'ils » nourrissoient à ceste fin des esclaves parlans » latin et grec, comme vous trouverez en un auteur » qui dit avoir appris le grec : *Colloquio Graio-* » *rum assuefactus famulorum* ».

Il rappelle naturellement, à cette occasion, que le père de Montaigne (que par parenthèse il appelle le Seigneur de la Montagne), voulant faire apprendre ainsi à son fils la langue latine, l'entoura pendant sa jeunesse de personnes qui ne parlaient pas d'autre langue. — Ceci donnerait en quelque sorte raison à l'habitude, qui se répand de plus en plus dans les familles riches de nos jours, de recourir, pour la première éducation des enfants, au service de bonnes anglaises ou allemandes.

Parmi les termes embarrassants et dont j'ai vainement poursuivi une explication satisfaisante, j'ai noté particulièrement :

Gabeloux,

Sibilot,

Vernedé.

Voici dans quelles circonstances se rencontrent ces termes singuliers :

Gabelou (liv. III, p. 377) ne nous est connu aujourd'hui que comme terme de mépris désignant le préposé à la perception des droits de douane, dérivé évidemment de gabelle, qui, d'impôt en général, s'est restreint à désigner plus spécialement l'impôt sur le sel. — Dans le passage de Bouchet où ce terme se rencontre (25e *Serée*, des Gens de guerre), il paraît employé dans le sens de galeux, pestiféré, à moins qu'il ne signifie le diable.

Un soldat s'est profondément endormi sur un lit qu'on vient saisir et qui est vendu sur la voie publique, sans qu'on se doute de ce qu'il renferme sous la couverture ; le soldat s'éveille sur le champ de foire et saute tout nud au milieu de la foule.

« Tous ceux de la foire le fuyoient comme s'il » eust été *Gabeloux* ».

Je ne puis entendre ce mot ainsi employé que comme une altération de galeux, ou comme si c'eût été le diable.

Sibilot (liv. II, p. 51, 102) est employé d'abord dans la 14e *Serée* (des décapités, des pendus, des essorillez, etc.), avec le sens de fou de cour.

Le fou d'un de nos rois (qui n'est pas nommé, mais certainement postérieur à Louis XII) a été victime d'une méchante plaisanterie ; des pages de cour l'ont cloué par une oreille à un poteau. — Ce pauvre fou est désigné, dans quelques lignes, de trois manières :

« Ce *Triboulet* appartenoit à un de nos roys à » qui on rapporte que son *Sibilot* estoit cloué par

» l'oreille à un poteau; lequel avoit délibéré de » plutôt mourir de faim que de deschirer son » oreille et sortir de là; le roy en estant adverty, » et que c'estoient ses pages qui avoient ainsi » accoustré son *zany*....., l'alla trouver, et en- » trant en cholère..... menaçoit de faire pendre » le coupable..... Ce pauvre fou, voyant le roy » fasché, lui va dire: « Sire, aussi n'est-ce pas » moi...». Le roy, se prenant à rire, le fit des- » clouer et mediciner son oreille ».

Triboulet est le nom propre employé par antonomase au lieu du nom commun. — Rien de plus ordinaire. *Sibilot* me déroute totalement : il ne saurait venir de *sibilare* qui a donné à notre patois *sibla*, un *siblet*. Je ne puis le rattacher qu'à sibylle dans le sens de prophétesse, devineresse; les fous de cour étant quelquefois considérés comme devins.

Le terme *Sibilot* revient dans la 15e *Serée — des Larrons, des Voleurs*, etc.), avec le sens de « fou, insensé » :

« Un curé, à qui un matois a volé sa bourse, » court après son voleur. Le peuple, voyant ce » curé, ainsi chappé, courir comme un fol après » celuy qui emportoit sa bourse, commence à » crier après ce curé, comme après un fol et in- » sensé, l'appelant *Sibilot* ».

En dehors du livre de Bouchet, je n'ai rencontré *Sibilot* qu'une autre fois, dans de pauvres vers satiriques du P. Garasse, au sujet de Diogène :

Ce vieux cynique estoit un vray falot,
Cousin-germain de sa dive lanterne,
Un cascaret, ou bien un *Sibilot*...

(*Recherches des Recherches.* — Epître au lecteur).

Quant à *Zany* (qu'il faudrait écrire *Zanne*) c'est un double type de personnages de la comédie italienne, qui possédait le *Zanne scapin* et le *Zanne arlequin*, l'un rusé, l'autre idiot. — Les deux Zanni parlaient le dialecte bergamasque, et les deux caractères étaient effectivement empruntés au pays de Bergame, comme le Pantalon venait de Venise et le Pulcinella de l'Etat de Naples.

Vernedé (liv. III, p. 453) m'est encore plus incompréhensible que *Gabeloux* et *Sibilot.*

Une femme souffre d'un violent mal de dents et a recours à certains mots et à quelques oraisons qu'elle avait accoutumé de dire quand ce mal la prenait, ayant appris ces *breborions* de sa mère, sujette comme elle au mal de dents. — C'était une nouvelle mariée. « Son mari, ne voulant » pas lui refuser sa première requeste, lui laissa » dire ses *audi-nos.* — La mariée ayant achevé sa » *Vernedé* se trouve allégée de son mal. — Quant » au mari, il avait si bien *bridé les puces* qu'il » s'estoit endormi ».

Je ne m'arrête pas à *Breborions* pour « Brimborions ».

Les *audi nos* se réfèrent aux litanies des saints que l'on chante les trois jours des Rogations qui précèdent la fête de l'Ascension. — Je relèverai seulement à ce propos, dans une des dernières livraisons de la *Revue des langues romanes* (IVe livr. 1873), un joli proverbe languedocien :

Te rogamus, audi nos ,
Las cerieiros meton closc.

C'est-à-dire : à cette époque de l'année, le noyau de la cerise commence à durcir.

Et un autre exemple assez curieux :

La Sabrenaude , sa voisine ,
En a tenu quelques propos ;
Mais la bouchère Cailletine
S'est mise sur ses audi nos.

Le Bruit qui court de l'épousée. — Pièce anonyme de la collection Caron.

Quant à *Vernedé*, qu'en dirai-je ? Rien de satisfaisant, jusqu'à plus ample informé : il est évident que le sens du mot est ici : kyrielle, litanie ; mais à quoi le rattacher ? quel rapport de sens avec les seuls termes auxquels on puisse le conférer : Le primitif *verna*, terrain planté d'aulnes, d'où *vernetum* et *vernedum ;* je cherche vainement *et le donne aux plus forts.*

Voici maintenant deux formules de langage que je n'aurais pas cru devoir se rencontrer aussi loin :

C'est à faire à (liv. I, p. 117)... Un autre va répliquer que « c'est à faire aux ivrognes de battre » leurs femmes ».

Cette manière de parler est répétée trois fois dans une même page (liv. II, p. 294).

Et cette autre : grammaticalement irrégulière, mais qui ne manque pas d'élégance, consistant dans l'emploi du pronom *qui* comme sujet, sans verbe correspondant (liv. III, p. 689) :

« Il fut défendu aux pauvres gens de faire plus » de poudre; et qui n'y eûst remédié, ils eussent » brûlé les maisons qui n'estoient pas à eux, voire » toute la ville pour se faire riches d'aumosnes ».

Et quelques lignes plus loin :

« Aussi, disoit-il, qui n'eust retranché les la- » dres, ce n'eussent esté tout le pays de Poictou, » que ladreries et léproseries ».

L'irrégularité n'est d'ailleurs qu'apparente dans ces sortes de constructions :

Qui n'y eut remédié équivaut à : si l'on n'y eut remédié; et les meilleurs écrivains de nos jours s'expriment ainsi.

Voici, au contraire, une tournure qui a tout à fait disparu :

Tandis que *dispenser de* constitue aujourd'hui une formule exclusivement négative comme dispenser d'assister à une soirée, dispenser de faire maigre, c'est-à-dire *autoriser à ne pas*... on rencontre dans Bouchet : *Dispenser de* pour *autoriser à* (1).

On lit dans la 5e *Serée* (des nouvellement mariés) (liv. I, p. 141, 158) :

« Constance, fille de Roger de Sicile, fut tirée » hors d'une abbaye de Palerme, *et dispensée de* » se marier. Henri, fils de l'empereur Frédéric, » l'espousa.....», et ailleurs :

(1) Les deux expressions sont d'ailleurs réellement équivalentes en idée : car *dispenser de* faire une chose vaut autant que *autoriser à* faire le contraire.

« Il n'y a homme si sage, si discret, si retiré
» et sévère, qui, entre le vin et les viandes, ne se
» *dispense de* dire et escouter quelques propos
» pour dire et resjouyr la compagnie.... »

Un passage de Montaigne présente « dispensé » employé de la même manière :

« Jusques aux stoïciens, il y en a qui conseil-
» lent de se *dispenser* quelquefois à boyre d'autant
» et de s'enyvrer pour relâcher l'âme ».

(*Essais*, liv. II, chap. 2.)

Dans les exemples ci-dessus *être dispensé, se dispenser* équivaut à recevoir ou se donner dispense.

J'ai dit que l'œuvre de G. Bouchet est parsemée de récits plaisants et d'une gaîté parfois risquée et trop audacieuse. — Il en est peu, il n'en est point peut-être dont il soit l'inventeur : pour peu qu'on ait parcouru les recueils du même genre qui abondent en latin et en français : Le Pogge, Morlini fabulæ, les contes à rire, etc, on retrouvera, dans le fouillis si divers qui constitue les trois livres des *Serées*, un certain nombre de vieilles connaissances. — Bouchet a puisé sans doute chez ses prédécesseurs ; d'autres ont, au contraire, emprunté à son propre fonds ; il est donc tantôt voleur, tantôt volé, et il serait quelque peu difficile de donner à ses facéties souvent reproduites un acte de naissance authentique.

Sans me prononcer absolument sur la question d'antériorité, j'indiquerai quelques-uns de ces contes qui se rencontrent dans des recueils analogues ou dans des œuvres d'une autre sorte.

D'abord, dans La Fontaine, *fables ou contes :*
L'homme entre deux âges;
Les aveux indiscrets;
Le rieur et les poissons ;
Bertrand et Raton;
Le quiproquo;
L'âne chargé d'éponges et l'âne chargé de sel.
Le pot de terre et le pot de fer;
L'âne bâté;
L'enfouisseur et son compère.

Molière, à qui l'on prête le mot : Je prends mon bien où je le trouve; qui a emprunté à un passage de Lucrèce en son entier le joli couplet d'Eliante (*Misanthrope*)

> Et dans l'objet aimé tout leur paraît aimable:
> La pâle est au jasmin en blancheur comparable;
> ....
> ....

Molière a pu trouver dans Bouchet quelques traits à introduire dans ses *Femmes savantes*, et s'inspirer notamment de ce passage :

« Par saint Paul ! une femme me paraît assez » sage quand elle peut discerner son cotillon du » pourpoint de son mari » (23e *Serée*, p. 316).

L'Aveugle et le Paralytique, de Florian, peut être rapporté à une épigramme d'Ausone, insérée par Bouchet dans sa 18e *Serée.* — Liv. II, p. 174.

On y trouve se rapportant au livre des *cent nouvelles nouvelles* :
Le retrait;
La paralytique guérie ;
Le coffre;

Le mari au bluteau;

Le borgne; etc.

J'ai cité l'anecdote du baron des Adrets au siége de Mornas; j'ajouterai : le conte des *Bottes,* reproduit par Grécourt; *les Cordonniers dupés,* par un adroit filou qui escroque de l'un une botte droite, de l'autre une botte gauche; le conte de ce *valet de chambre* qui se refuse à racheter, par le doublement de ses gages, les *vols* qu'il peut faire à son maître, en disant : Oh! non, Monsieur, j'y perdrais; le conte : *Qui vous a fait si hardy?* etc., etc.

Je bornerai ici cette étude, qui aurait comporté bien plus de développement si j'avais eu la prétention d'expliquer tout ce que le livre renferme d'obscur ou de singulier. Mais d'ailleurs, il est certains détails sur lesquels il serait peu bienséant d'insister devant une académie, et que je me suis fait un devoir d'écarter comme étant par trop badins.

L'œuvre de Bouchet est loin d'être la seule de cette espèce à son époque : tel est aussi le livre de *Tabourot* avec plus de prétention pédagogique; les têtes de chapitre en font foi : ils énoncent les diverses parties d'un traité de grammaire et de rhétorique; les dialogues de *Tahureau,* les matinées et après-dînées du sieur de *Cholières,* quelques dialogues de *Lamothe Le Vayer* peuvent aussi prétendre au mérite d'être des recueils instructifs en même temps qu'amusants.

Avec le livre de Bouchet, taillé sur le même patron, il faut se risquer au hasard de faire des rencontres compromettantes; c'est un peu le fumier d'Ennius.

Sans qualifier de perles les extraits que je me suis hasardé à vous soumettre, peut-être conviendrez-vous avec moi, après les avoir entendus, qu'il n'est pas de mauvais livre dont on ne puisse tirer quelque enseignement ; ceci est une assertion de Pline le Jeune, reproduite par Bayle et par le grand Arnauld : « Nullus est liber tam malus, qui non aliquâ parte prosit (1) ».

D'ailleurs, suivant la pensée exprimée par le regrettable M. Magnin dans son excellente étude sur les origines de théâtre : — « Sous l'œuvre la plus grossière, il y a toujours l'homme et la société (2) ».

J'ai donc porté mes recherches sur les parties du livre qui m'ont paru pouvoir fournir des éléments intéressants à une étude de linguistique et de mœurs.

L'éditeur Lemerre publie, en ce moment, une édition, annoncée dans le *Bulletin du Bibliophile* (nº de juillet 1873) ; elle aura six volumes, dont le dernier doit comprendre un glossaire dû aux soins de M. Roybet. — Ce glossaire donnera sans doute satisfaction aux esprits les plus curieux et les plus exigeants.

(1) Voyez Jules Janin : *Le Livre*, — page 230.
(2) Avertissement, — page xxv.

(*Extrait des* Mémoires de l'Académie du Gard, *année 1875.*)

Nimes. — Typ. Clavel-Ballivet, rue Pradier, 12.

www.ingramcontent.com/pod-product-compliance
Ingram Content Group UK Ltd.
Pitfield, Milton Keynes, MK11 3LW, UK
UKHW031953260826
14628UKWH00005B/2017

9 782014 023671